클레오파트라멧노랑나비
Gonepteryx cleopatra

남색남방공작나비
Precis orythia

헤라클레스장수풍뎅이
Dynastes hercules

초크힐파랑나비
Polyommatus coridon

불꽃나비
Acraea acrita

두점무당벌레
Adalia bipunctata

양봉꿀벌
Apis mellifera

마다가스카르대왕호랑나비
Papilio antenor

열다섯점무당벌레
Anatis 15-punctata

파르하수스진주네발나비
Salamis parhassu

표본 번호

이 책의 주인

이름 : _____

다윈은 곤충을 관찰하고 수집하길 무척 좋아했습니다.
여러분도 다윈 같은 박물학자가 될 소질이 있는지 확인해 봅시다.
첫 쪽과 마지막 쪽에 있는 곤충 표본 그림을 이용해
이 책에 나오는 곤충들의 이름을 알아맞혀 보세요.

DARWIN'S ON THE ORIGINS OF SPECIES

Copyright © Sabina Radeva, 2019
The moral right of the author has been asserted. All rights reserved.
Korean translation copyright © 2019 by Dahli Children's Books
Korean translation rights arranged with PENGUIN BOOKS LTD through EYA (Eric Yang Agency)

이 책의 한국어판 저작권은 EYA(Eric Yang Agency)를 통해 PENGUIN BOOKS LTD와 독점 계약한 (주)도서출판 달리에 있습니다.
저작권법에 의해 한국 내에서 보호를 받는 저작물이므로 무단 전재와 복제를 금합니다.

어린이를 위한 종의 기원

찰스 다윈 원저 | 사비나 라데바 글·그림 | 박유진 옮김 | 김정철 감수

1판 1쇄 펴냄 2019년 1월 15일 | 1판 3쇄 펴냄 2023년 4월 12일
책임편집 정재은 | 디자인 심홍섭

펴낸이 박소연 | 펴낸곳 (주)도서출판 달리 | 등록 2002. 6. 4. (제10-2398호)
04008 서울시 마포구 희우정로16길 17-5 | 전화 02) 333-3702 | 팩스 02) 333-3703
ISBN 978-89-5998-363-6 77840

어린이를 위한
종의 기원

찰스 다윈 원저

사비나 라데바 글·그림 | 박유진 옮김

달리

아주 오래전, 사람이 있지 않았던 먼 옛날에도 지구에는 갖가지 생물이 살았습니다.
하지만 이들의 모습은 지금과는 전혀 달랐습니다. 오랜 시간에 걸쳐 조금씩 변해 왔기 때문입니다.
이처럼 생명체가 처음 생겨난 이후부터 여러 세대를 거쳐 변해 가는 과정을 '진화'라고 합니다.

예전에 사람들은 지구에 사는 모든 생물이 한꺼번에 생겨났다고 믿었습니다.
게다가 식물과 동물, 사람의 모습은 처음 생겨난 때나 지금이나 같다고 생각했지요.

그런데 똑똑하고 호기심 많은 과학자들이 다른 의견을 내기 시작했습니다.

동물들은 시간이 흐르면 변해. 같은 종류의 동물이라도 지역에 따라 다른 모습을 하고 있는 경우도 많지.

조르주루이 르클레르 뷔퐁

음, 기린은 높은 데 달린 나뭇잎을 먹으려면 목을 한껏 뻗어야 했어. 그렇게 목을 자꾸 쓰다 보니 목이 점점 길어진 게 아닐까?

장 바티스트 라마르크

프랑스의 생물학자 장 바티스트 라마르크는 많이 쓰는 신체 부위는 강해지고 잘 쓰지 않는 부위는 퇴화하면서 동물이 진화한다고 생각했습니다. 다른 과학자들은 행동이나 습관으로 얻은 변화가 자식에게 이어지지는 않는다며 라마르크의 말이 틀렸다고 주장했지요. 라마르크의 생각은 받아들여지지 않았지만, 사람들은 진화에 대해 생각하게 되었습니다. 사람들은 동물이 처음 생겨난 모습에서 조금씩 변해 왔다는 사실을 알아차렸습니다. 하지만 그런 일이 '어떻게' 일어나는지는 알 수 없었습니다.

✳ 부록 6을 참고하세요.

사람들의 궁금증은 라마르크가 자기 생각을 밝힌 지 50년이 지난 후에야 풀리게 됩니다. 영국의 박물학자 찰스 다윈이 '어떻게' 그런 일이 일어나는지 발견하게 되거든요.

다윈은 영국 군함 비글호를 타고 세계를 돌아다니며 식물과 동물을 연구하고 화석을 채집했습니다. 다윈은 탐험을 하다 발견하게 되는 흥미롭고 놀라운 사실을 모두 정확하고 상세하게 기록하였습니다.

다윈레아

영국 군함 비글호

화석

찰스 다윈의 집 다운하우스

다윈의 가족

찰스 로버트 다윈

엠마 웨지우드

윌리엄 이래즈머스

앤 엘리자베스

헨리에타 에마

조지 하워드

엘리자베스

프랜시스

레너드

호러스

찰스 워링

폴리

메리 엘리너

다윈은 영국의 한 시골에서 아내와 아이들, 그리고 폴리라는 개와 함께 살았습니다.
다윈은 탐험을 마치고 집으로 돌아와서도 연구를 계속했습니다.

다윈은 자신이 발견한 새롭고 중요한 사실을 사람들에게 잘 설명하기 위해
끊임없이 연구하고, 다른 과학자들과 많이 논의했습니다.

다윈은 런던 동물원에서 제니라는 오랑우탄을 연구하길 좋아했습니다.

온실도 다윈이 즐겨 연구하던 곳 중 하나였어요. 거기서 그는 여러 가지 흥미진진한 실험을 했습니다.

✶ 부록 1을 참고하세요.

1859년, 다윈은 마침내 『종의 기원』이란 책을 세상에 내놓았습니다.
다윈은 20년 동안 탐험하고 연구하면서 얻은 놀라운 생각을 이 책에 모두 설명해 놓았지요.

다윈은 종(種, species)이란 생김새가 비슷하고 함께 생식 능력을 갖춘 자식을 낳을 수 있는 생물들의 무리라고 설명합니다. 같은 종이라도 생김새가 비슷할 뿐이지 아주 똑같이 생긴 경우는 없습니다.

자세히 보면 각자 다른 특성을 지니고 있지요.

키가 커요.

키가 작아요.

"종(種)은
서로 아주 비슷한 한 무리의 개체를
가리키는 말이다."

이처럼 같은 종에서도 개체들이 저마다 다른 특징을 갖는 현상을 '변이'라고 합니다.

사육과 재배 과정에서
나타나는 변이

사람이 길들여 온 동물들은 그들의 조상인 야생종과 아주 다르게 생겼습니다. 게다가 서로 조상이 같다고 생각하기 어려울 만큼 저마다 모습이 다르지요. 인간의 가장 좋은 친구인 개를 예로 들어 볼까요? 지금 세상에는 340품종이 넘는 개가 있습니다. 크기, 생김새, 털 색깔, 재능이 저마다 다릅니다. 하지만 이들 모두 야생 늑대에게서 비롯된 같은 종입니다.

"비둘기는 생김새가
너무 달라 다른 종 같지만,
모두 다 바위비둘기의 후손이다."

다윈은 비둘기도 연구했습니다. 다윈은 개와 마찬가지로 비둘기도 모두 같은 종이라고 말했습니다.
서로 너무 다르게 생겨서 겉모습만 보고는 그 말을 받아들이기 어렵지만요!

정원사는 꽃이 크고 예쁜 개체들은
잘 크도록 도와주지만, 기대에 못 미치는
개체들은 뽑아 버리기도 합니다.

개와 마찬가지로 가축도 그들의 조상인 야생종과 다르게 생겼습니다. 사람들은 고기, 젖, 털 등을 쉽게 얻으려고 야생 소나 닭 등을 집에서 기르기 시작했는데, 이때 원하는 성질을 가진 것들만 골라서 길렀어요. 젖이 많이 나오는 젖소, 신선한 알을 낳는 닭, 따뜻하고 옷 만들기 좋은 털이 자라는 양처럼 말입니다. 결국 사람들에게 선택된 특정 성질을 가진 가축만 살아남게 되었습니다.

자연 상태에서 나타나는 변이

생물은 야생에서 태어나 사람의 영향을 전혀 받지 않아도 변합니다. 생물은 야생에서도 겉모습이나 성질, 능력이 달라져 모두 조금씩 서로 다른 특징을 가지게 되지요. 특징 중에는 생활과 상관없는 것도 있고, 오히려 불편한 것도 있습니다.

저런, 저런, 머리가 두 개인 게 하나인 것보다 꼭 좋지만은 않을 텐데.

어떤 특징은 살아가는 데 무척 편리하고 도움이 되기도 하지요.

다윈은 갈라파고스핀치라는 새가 저마다 부리의 모양과 크기가 다르다는 사실을 발견했습니다. 그런데 가만 보니 먹는 것도 달랐습니다. 저마다 좋아하는 먹이를 먹기에 적합한 부리를 가지고 있었던 것이지요.

딱딱한 씨앗을 깨뜨리는 데 알맞은 큰 부리

무른 씨앗을 먹는 데 알맞은 작은 부리

길고 뾰족한 부리는 선인장꽃을 뜯는 데 도움이 되죠.

나무 속의 곤충을 잡을 도구를 물 수 있는 부리

생존 경쟁

자연은 아름답고 풍요로워 보일지 몰라도,
그 속에서 살아가는 일은 어느 종에게도 쉽지 않습니다.
살기에 알맞은 곳을 찾지 못하기도 하고,
다른 동물에게 잡아먹히기도 합니다.

"생물은 개체 수가 워낙 빠르게 늘어나기 때문에 만약 아무도 죽지 않는다면 조상 한 쌍의 후손들만으로도 머지않아 지구가 가득 찰 것이다."

동물들은 먹이와 보금자리를 두고 경쟁합니다. 목숨을 이어 가며 새끼를 낳으려면 먹이와 보금자리는 꼭 필요하지요. 결국 환경에 가장 잘 적응한 생물만이 경쟁에서 이겨 야생에서 살아남게 됩니다.

"1854~1855년 겨울에는 내 땅에서 살던 새들 중 5분의 4 정도가 죽은 듯했다."

"우리는 어디에서나 생물이 자연에 적응하며 살아가는 모습을 볼 수 있다."

자연 선택

어떤 동물은 야생에서 살아가는 데 조금 더 유리한 특징을 가지기도 합니다. 어떤 동물은 다른 동물보다 털색이 자연색과 더 비슷해 적을 피해 몸을 잘 숨길 수 있습니다. 또 어떤 동물은 다른 동물보다 뒷다리가 더 길어 재빨리 도망갈 수 있지요. 이 작은 차이로 어떤 동물은 살아남고 어떤 동물은 죽게 됩니다. 유리한 특징을 가져 살아남은 동물은 자식에게 그 특징을 물려주게 되지요.

"작은 낱알 하나가 양팔 저울이
어느 쪽으로 기울지를 결정하듯,
작은 차이가 어느 개체가 살고 어느 개체가
죽을지, 어느 종의 수가 증가하고 어느 종의 수가
감소할지 혹은 멸종할지를 결정한다."

유리한 특징을 가진 동물은 생활에 잘 적응하여 살아남고, 그렇지 못한 동물은 결국 사라지게 됩니다. 다윈은 이러한 원리를 '자연 선택'이라고 했습니다.

털 있는 분홍색 복숭아

털 없는 노란색 복숭아

바구미라는 딱정벌레는 껍질에 털이 없는 노란색 복숭아를 즐겨 먹습니다. 껍질에 털이 있는 분홍색 복숭아는 벌레에게 덜 시달리기 때문에 잘 익어 씨앗을 퍼트릴 수 있지요. 그래서 노란색 복숭아 나무보다 개체 수가 늘어나게 됩니다.

조상

생물 집단이 진화하는 동안, 저마다 다른 특징이 계속 생겨나다 보면 한 종이 너무나 많이 변해 완전히 새로운 종이 되기도 합니다. 물론 이러한 변화는 오랜 시간에 걸쳐 아주 서서히 일어납니다. 그래서 우리는 진화의 과정을 직접 볼 수 없습니다.

새로 생겨나는 종이 있듯, 완전히 없어진 종도 있습니다.

✻ 부록 4, 5를 참고하세요.

말 속

말

얼룩말

당나귀

과학자들은 생물의 진화 과정을 알아내기 위해 생물을 분류했습니다. 앞서 말했듯이 종은 생김새가 비슷하고 함께 생식 능력을 갖춘 자식을 낳을 수 있는 개체의 무리로, 작은 분류 단계입니다. 한 걸음 더 나아가 비슷한 특징을 지닌 종을 묶었습니다. 종보다 큰 분류 단계로 속(屬, genus)이라고 합니다. 이런 식으로 생물을 분류하여 생물 사이의 가깝고 먼 관계(유연관계)도 알 수 있게 되었습니다.

때로는 오래전에 완전히 사라져 버린 특징이 다시 나타나기도 합니다. 데번셔포니라는 조랑말 가운데 일부는 얼룩말처럼 줄무늬가 있는 모습으로 태어나는데, 이런 사실로 미루어 조랑말과 얼룩말은 줄무늬가 있는 같은 조상에서 갈라져 나왔다고 볼 수 있습니다.

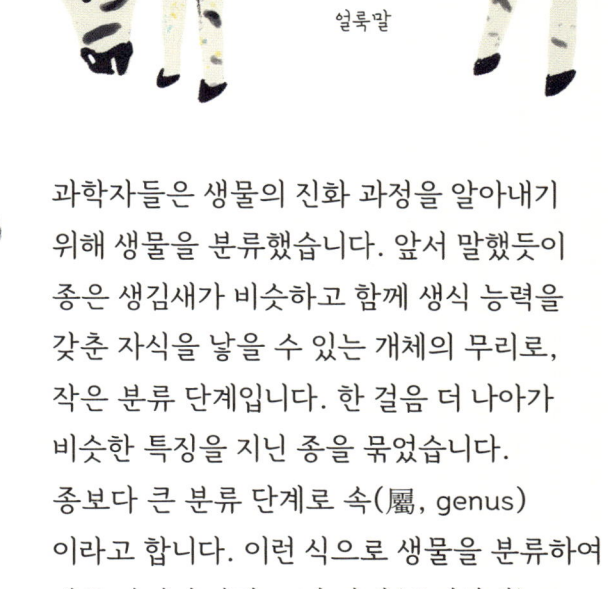

"새로운 싹을 틔운 기운찬 가지들이
연약한 가지들보다 높이 솟고 쭉쭉 뻗어나가듯,
거대한 '생명 나무'는
세대를 거듭하면서 끊임없이 갈라져
아름다운 가지들로 지구를 뒤덮어
오늘날의 생태계를 이뤄 왔을 것이다."

다윈은 나무 모양의 그림(계통수)을 그려서 생물 집단이 어떻게 진화하는지 설명하였습니다. 과학자들은 이를 더 발전시켜서 인간, 동물, 식물, 곤충은 물론이고, 아주 작은 생물들도 모두 맨 처음 생명체의 후손이라는 걸 보여 주었지요.

각 가지의 맨 아랫부분은 공통 조상을 나타냅니다.

각 가지의 끝부분은 후손입니다.

그렇다면 맨 처음 생명체는 어떻게 생겨났을까요? 어디서 생겨났을까요? 그 답은 다윈도 확실히 알지 못했습니다. 하지만 맨 처음 생명체가 어떤 과정을 거쳐 오늘날 지구에서 볼 수 있는 수많은 생물로 진화했는지는 설명해 주었습니다.

학설의 난점

다윈은 자신의 주장이 옳다는 것을 밝힐 증거가 없어 사람들이 이해하기 어려울 거라 생각했습니다. 그래서 책에 사람들이 가질 법한 질문에 답을 적어 놓았지요. 예를 들어 이런 질문을 해 볼까요? 종들이 오랜 시간에 걸쳐 서서히 변한다면, 왜 우리는 다양한 중간 단계 형태를 볼 수 없는 걸까요?

다윈은 유리한 특징을 가진 생물은 살아남고, 그렇지 못한 생물은 사라지는 '자연 선택' 과정에서 생물이 환경에 더 잘 적응하게 된다고 설명했습니다. 더 유리한 특징을 가진 동물이 나타나면 경쟁이 일어나 적응하지 못한 동물은 없어지기 때문에 결국 그 중간 단계의 동물은 볼 수 없는 것이지요.

"지구의 껍질은 거대한 박물관이다."

화석은 공룡, 매머드, 도도새처럼 멸종된 생물이 남긴 흔적이 대부분이며, 생물들의 변이 과정을 보여 주는 것은 별로 없었습니다. 그 이유에 대해 다윈은 화석이 만들어지려면 여러 가지 조건이 맞아떨어져야 하는데 실제 그런 경우가 드물기 때문이라고 설명했습니다.

지질학적 기록의 불완전성

바위가 바람과 파도에 깎여
작은 조각들이 땅에 쌓입니다.
이를 퇴적물이라 하지요.

퇴적물은 굳어서 돌(퇴적암)이 되는데, 죽은 동물의 몸 위에
담요처럼 퇴적물이 쌓여 함께 굳으면 동물의 사체는 퇴적암에 보존됩니다.

부드러운 퇴적물

압축된 퇴적물

하지만 이런 일은 잘 일어나지 않습니다.
그래서 수많은 멸종 생물의 모습을
영영 알 수가 없지요!

"파리채로나 쓰이는
기린 꼬리처럼 별로 중요하지 않은 기관과
눈처럼 신비한 구조를 가진 중요한 기관 모두
자연 선택으로 생겨난 것일까?"

더없이 완벽한 기관

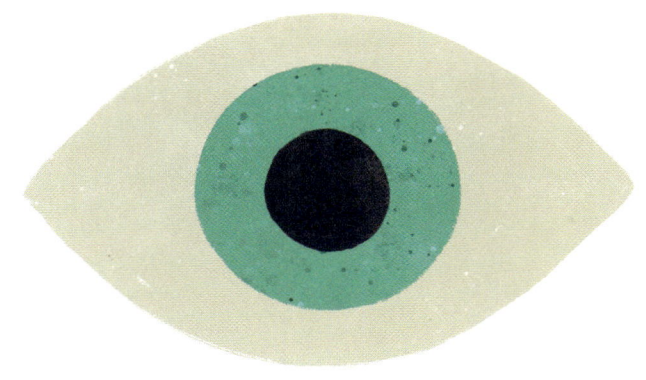

눈의 진화

   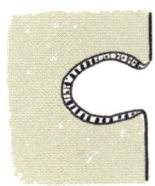 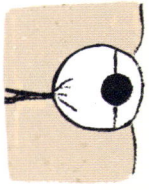

감광점　　　감광 세포가　　　배상안(杯狀眼)　　　혈안　　　카메라눈
　　　　　모여 있는 부분　　　　　　　　　(穴眼, 구멍눈)

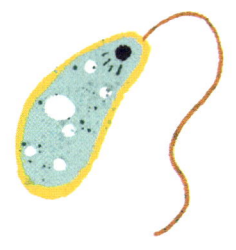  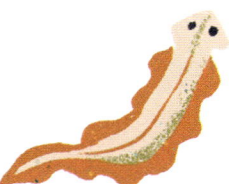  

동물이 진화하면서 몸의 구조나 기능도 점점 복잡해집니다. 이에 따라 신체 부위도 처음보다 복잡한 구조를 가지게 되지요. 하지만 아예 새로 만들어지는 게 아니라 진화하는 것입니다. 눈도 맨 처음엔 무척 단순했지만 오랜 시간에 걸쳐 진화하여 오늘날처럼 복잡해졌습니다.

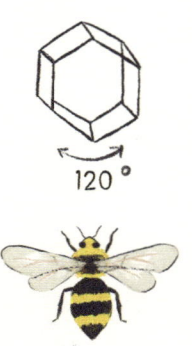

"꿀벌이 본능적으로 육각형 방을 만드는 것은
어떻게 설명할 수 있을까? 꿀벌은 위대한
수학자들이 육각형을 이어 붙인 구조가
가장 안전하다는 사실을 발견하기 전부터
그런 방을 만들어 왔다."

본능

동물은 신기하게도 태어날 때부터 환경에 따라 행동하는 법을 알고 있습니다.
태어날 때부터 지니는 이러한 행동을 본능이라고 합니다. 뻐꾸기 같은 여름 철새가 겨울이 되면 따뜻한 곳으로 가고, 꿀벌은 배운 적이 없는데도 꿀을 저장할 육각형 방을 만드는 것은 모두 본능이지요. 살아가는 데 도움이 되는 본능은 후손에게 고스란히 전해집니다.

산, 강, 바다는 이동을 방해하는 장애물입니다. 많은 동물은 바다를 건너가는 데 어려움을 겪습니다.

식물의 씨앗은 새들의 몸에 붙거나 뱃속에 들어간 채로 운반되어 좀 더 쉽게 퍼져 나갈 수 있습니다. 그래서 식물은 세계 곳곳에서 종종 비슷한 것들을 발견할 수 있습니다. 반면 동물은 다른 곳으로 이동하기 어렵다 보니 지역에 따라 모습이 다르지요.

이동

이동

조상종

다윈은 종들이 세계 곳곳으로 어떻게 퍼져 나가는지 설명했습니다.
한 지역에 나타난 새로운 종은 때때로 다른 지역으로 이동합니다.
종들은 새로운 환경에서 훨씬 다른 모습으로 변하기도 합니다.

이동

섬은 육지에서 뚝 떨어져 있어 섬에 사는 동물들은 이동하기가 어렵습니다. 그래서 그곳에서만 볼 수 있는 특이하고 귀한 동물들이 있지요.
다윈이 갈라파고스 제도에서 발견한 대형 땅거북도 다른 데서는 볼 수 없는 희귀한 동물입니다.

아마도 갈라파고스땅거북의 한 조상종은 바다에서 떠돌다 갈라파고스 섬으로 갔을 거예요. 그곳엔 자기를 잡아먹는 동물도 없고 먹이를 놓고 경쟁할 다른 대형 초식 동물도 없어서 몹시 풍족하게 지낼 수 있었지요. 물론 그 후손들도 그랬고요. 진화하면서 몸집이 커진 대형 땅거북은 이제 몸무게가 250kg이 넘습니다.

돌고래는
포유류입니다.

상어는
어류입니다.

어룡의 조상은
파충류입니다.

생물을 분류했을 때 가깝고 먼 관계를 나타내는
유연관계가 멀다 하더라도 같은 환경에서 살면
비슷한 신체 부위가 발달할 수 있습니다.

생물의 유연성(類緣性)

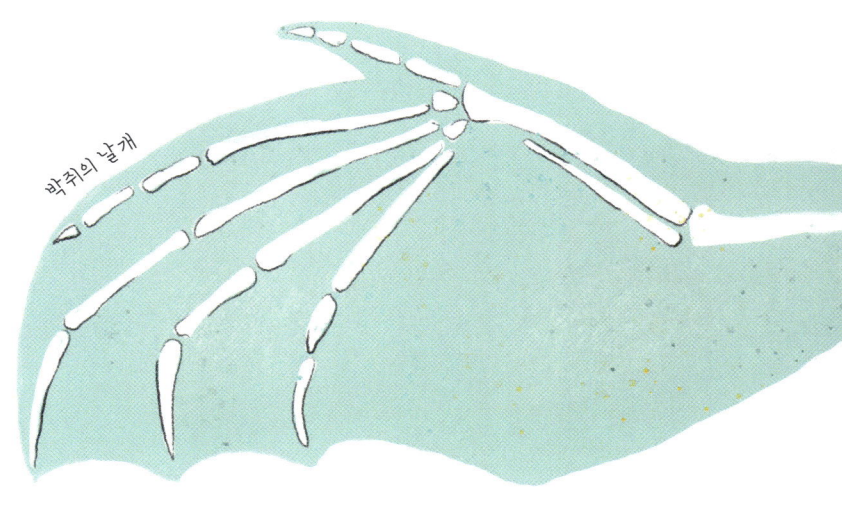

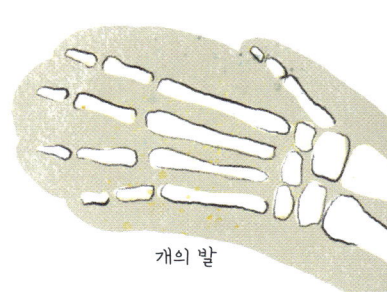
개의 발

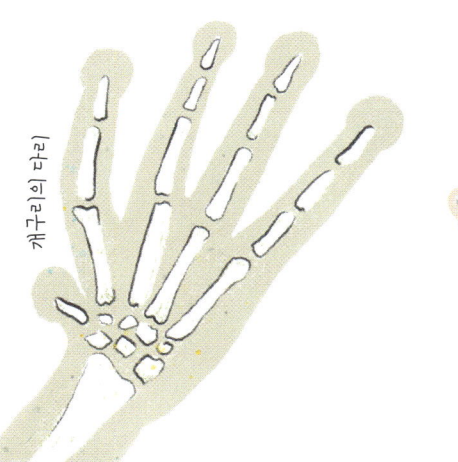

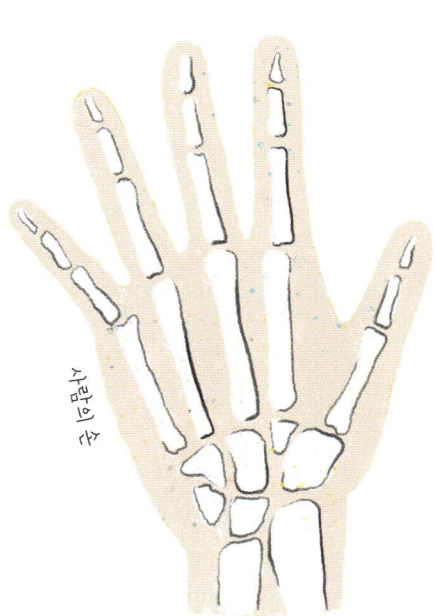

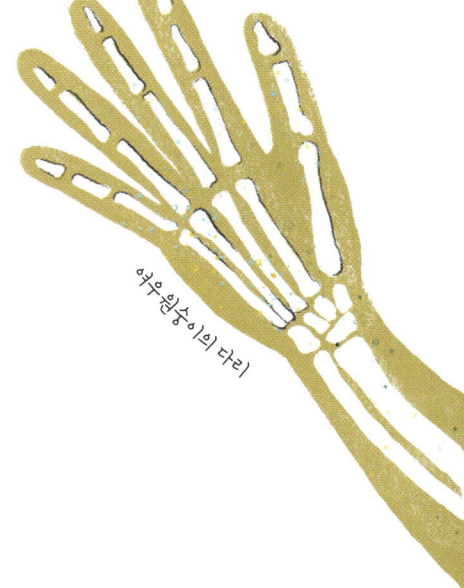

"모든 생물은 맨 처음 생명체에서 진화했기 때문에
비슷한 점을 가지고 있기 마련이다.
하지만 비슷한 정도에 차이가 있다.
그래서 우리는 비슷한 성질을 가진 생물끼리 묶는
방식으로 생물을 분류할 수 있다."

박물학자들은 동물 몸의 내부와 뼈를 보고 유연관계를 알아냅니다. 예를 들어 손이나 발, 지느러미발의 뼈가 다섯 가락(손가락/발가락)으로 이루어진 동물들은 전혀 다른 종에 속하더라도 유연관계가 가깝다고 볼 수 있습니다. 이들은 생물을 분류해서 나무에 비유하여 그린 그림(계통수)에서 가지 하나를 공유합니다.

닭의 배아	인간의 배아
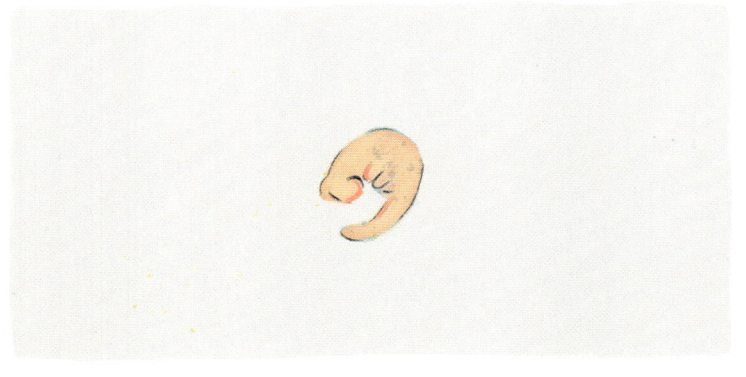	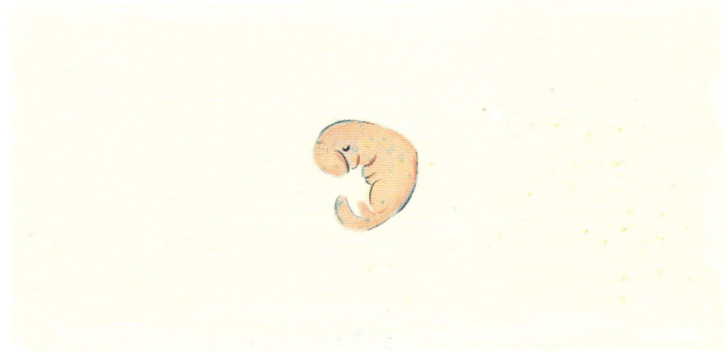
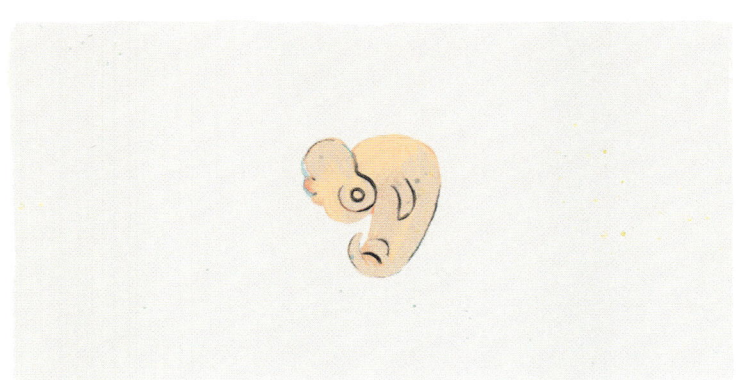	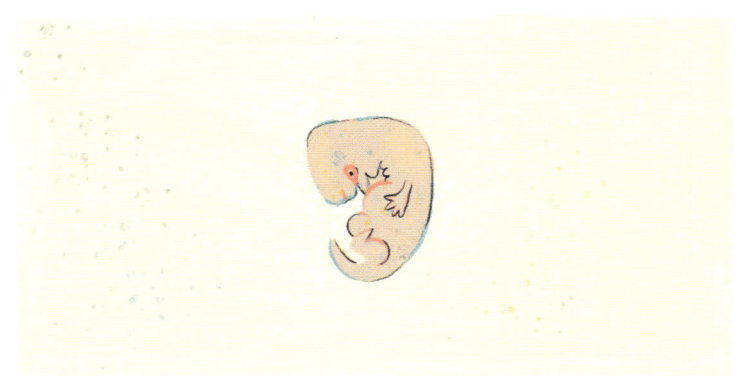

어떤 동물이든 처음엔 모두 '배아'라는 매우 작은 생명체입니다. 만들어진 지 얼마 되지 않은 배아들은 비슷해서 어느 종의 배아인지 알기 어렵습니다. 이 사실은 모든 동물이 서로 어느 정도 관련되어 있음을 보여 줍니다. 생물들은 모두 맨 처음 생명체에서 비롯해 저마다 다른 고유의 특징을 환경에 따라 갖춰 왔습니다.

✽ 부록 8을 참고하세요.

동물 중 상당수의 몸에는 지금은 아무 역할도 하지 않지만 조상종에겐 매우 중요했던 뼈나 기관이 남아 있습니다. 인간의 꼬리뼈나 고래의 다리뼈가 그 예입니다. 살아가는 데 방해가 되지는 않아서 쓸모없지만 사라지지 않고 남아 있는데, 이를 통해 우리는 인간의 조상종은 꼬리가 있었다는 사실과 고래의 조상종이 땅 위를 걸어 다녔다는 것을 알 수 있지요. 생물의 몸이 곧 진화의 증거가 됩니다.

"나는 먼 훗날 더 많은 연구가
이루어질 것이라고 믿는다. (…)
인간의 기원과 역사에 빛이 드리워질 것이다."

"지구가 중력의 법칙에 따라 태양 주위를 돌고 또 도는 동안, 맨 처음 생명체가 더없이 아름답고 멋진 무수한 형태로 진화해 왔으며 지금도 진화하고 있다."

결론

다윈의 자연 선택적 진화론

1.
대부분의 생물은 자식을 많이 낳는데,
그중 일부는 살아남지 못합니다.

2.
모든 생물은 조금씩 다른 특징을 가지고 있습니다.

3.
환경에 알맞은 특징을 가진 생물은 살아남고,
그렇지 않은 생물은 사라집니다.

4.
살아남은 생물이 가진 특징은 대대로 전해집니다.

5.
이러한 과정을 여러 세대에 걸쳐 반복하며
생물은 서서히 진화하게 됩니다.

다윈의 책은 끝나지만, 생물 집단의 진화는 계속됩니다.
우리 인간도 동식물 친구들과 함께 환경에 적응하며 계속 진화할 것입니다.

글쓴이의 말

어린이 여러분, 저는 찰스 다윈의 『종의 기원』을 그림책으로 충실하게 만들어 보려 했습니다. 이 책을 통해 자연 세계에 대한 호기심과 관찰이 얼마나 놀라운 사실을 발견하게 했는지 알았을 것입니다. 현대 과학 기술이 없던 시기에 다윈은 끊임없이 연구하여 생명체에 대한 사람들의 생각을 바꿔 놓았습니다.

다룰 만한 흥미진진한 정보가 많이 있었기 때문에, 다윈이 비글호를 타고 탐험을 했던 이야기는 조금밖에 싣지 못했습니다. 그 탐험에 대한 글과 그림을 더 많이 보고 싶어 할 이들을 위해 책의 끝부분에 도움이 될 만한 훌륭한 그림책 몇 권을 추천해 놓았습니다.

찰스 다윈이 『종의 기원』을 펴낸 이후, 많은 과학자가 연구를 하면서 다윈의 생각이 사실과 맞지 않다는 것을 발견하기도 했습니다. 그런 경우에는 최신 과학 정보를 부록에 실었습니다. 또 한 가지 주목할 만한 점은 다윈이 『종의 기원』을 쓸 때 인간의 기원에 대해서는 일절 삼가려고 신경을 썼다는 것입니다. 아마도 논란을 불러일으키지 않기 위해서였겠지요. 당시에 유럽 사람들은 하느님이 인간을 만들었다고 굳게 믿었거든요. 나중에 다윈은 『인간의 유래』라는 책에서 그 주제를 중점적으로 다루었습니다.

부록

1. **앨프리드 월리스**는 영국 과학자입니다. 생물의 진화에 대해 다윈과 비슷한 생각을 했고, 그 덕분에 다윈은 자신감을 얻어 마침내 책을 완성하게 되었습니다. 1858년 두 사람은 함께 연구한 결과를 논문에 싣기도 했습니다. 하지만 다윈이 더 오랫동안 학설을 전개한 데다 존경받는 박물학자이다 보니 결국 다윈이 진화론의 아버지로 알려지게 되었습니다.

앨프리드 러셀 월리스

2. DNA와 유전자

생물체는 모두 세포라는 아주 작은 기본 단위로 이루어져 있습니다. 대부분의 세포에는 어떤 암호가 DNA라는 분자에 담긴 채로 들어 있어요. DNA는 나선형으로 빙빙 비틀려 돌아간 사다리처럼 생겼는데, 그 모양을 우리는 이중 나선이라고 부릅니다. 각각의 DNA 가닥에는 여러 가지 지령이 들어 있습니다. 그런 유전 암호에는 한 생명체가 어떻게 성장할지를 좌우하는 온갖 정보가 담겨 있어요.

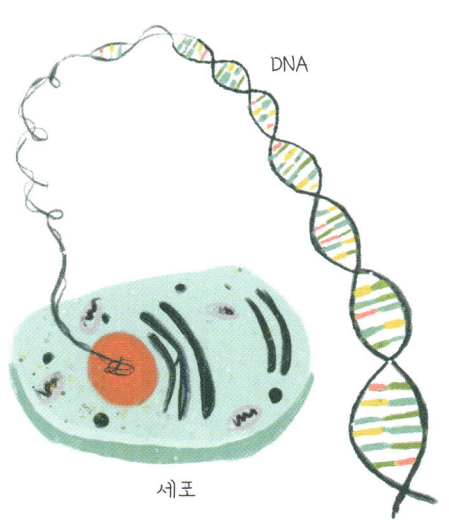

3. 유전

유전된다는 것은 여러분의 부모, 조부모, 증조부모 등으로부터 성격, 체질, 모습 같은 형질이 여러분에게 전해진다는 뜻입니다. 유전학에서 말하는 유전은 생물체의 형태와 습성이 대대로 전해지는 현상입니다. 우리의 독특한 형태는 우리가 부모님에게서 물려받는 유전자에 따라 결정됩니다.

부모   자식

4. 돌연변이

다윈은 유전에 대해서 잘 알지 못했고, 변이가 어떻게 다음 세대로 전해지는지도 알지 못했습니다. 지금 우리는 DNA가 진화에 큰 영향을 미친다는 사실을 알고 있습니다. 유전자에 갑작스럽게 변화가 생기는 현상을 돌연변이라고 부릅니다. 때로는 돌연변이의 결과로 생물체의 형태나 기능이 달라지기도 하는데, 돌연변이는 변이가 존재하는 원인이 됩니다.

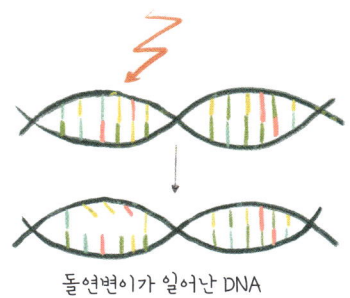

돌연변이가 일어난 DNA

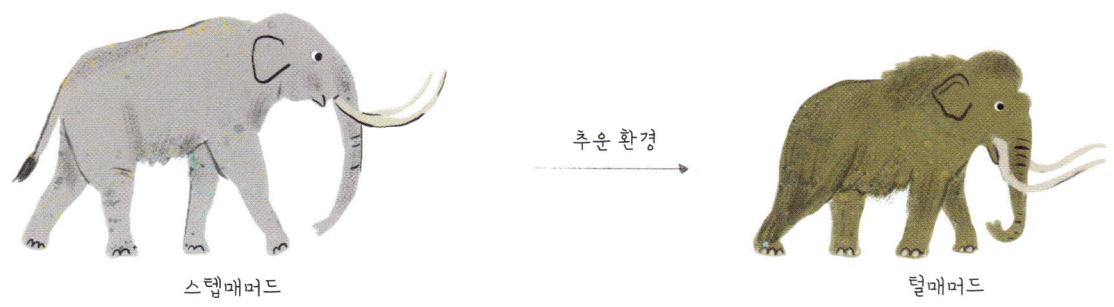

스텝매머드 → 추운 환경 → 털매머드

5. 자연 선택

다윈은 자연 선택적 진화가 서서히 지속적으로 일어난다고 생각했습니다. 하지만 때로는 새로운 돌연변이가 크게 영향을 미쳐서 해당 종이 아주 빨리 진화하게 된 적도 더러 있었습니다. 또 빙하 시대에 그랬듯이 환경이 크게 변해서 동물들이 새로운 문제에 급히 대응하다 보니 진화 속도가 빨라진 적도 있었지요.

굶주리는 부모 → 자식들은 혹독한 환경에서 살아남기 위해 지방을 더 많이 저장하게 될 수도 있습니다.

6. 후성유전학(후생유전학)

과학자들은 생활 방식과 습관이 유전 암호를 직접적으로 변화시키지 않으면서도 유전자의 발현에 영향을 미칠 수 있다는 사실을 알아냈습니다. 그 결과는 자손에게 전해지기도 합니다. 예를 들면, 굶주리는 동물은 먹이에서 얻은 지방을 더 많이 저장하는 자식을 낳을 수도 있습니다. 후성유전의 원리가 알려지면서 동물 개체의 생활 방식으로 인한 변화가 자손에게 전해질 수 있다던 라마르크의 주장도 재평가되고 있습니다.

7. 뒤얽힌 생명 덤불

세균, 고세균, 동물 식물과 균류

다윈은 종들의 기원과 관계를 설명하려고 나무 모양의 그림을 그렸습니다. 하지만 새로운 연구 결과에 따르면, DNA가 한 가지(계통수의 나뭇가지)의 종에서 다른 가지의 종으로 이동하는 경우도 더러 있습니다. 이를테면 DNA를 운반하는 바이러스를 통해 그럴 수도 있지요. 그래서 많은 과학자가 '생명 나무'(계통수)가 뒤얽힌 덤불 모양에 더 가까워야 한다고 주장합니다.

8. 비교 발생학

에른스트 헤켈 같은 과학자들은 모든 배아가 지난 진화 단계들을 반복하며 발생의 아주 초기 단계에는 다 똑같이 생겼을 것이라고 주장했습니다. 하지만 이러한 생각은 틀렸다고 밝혀졌습니다. 오늘날 현대 과학으로 밝혀진 바에 따르면, 배아 발생 단계가 비슷한 종들은 유연관계가 가깝고, 한 공통 조상으로부터 갈라져 나왔을 가능성이 큽니다.

진화에 대한 오해

진화론은 생명의 기원을 설명해 준다?
아닙니다. 지구에서 생명체가 어떻게 처음 생겨났는지는 진화론으로 설명할 수 없습니다. 다윈의 학설은 종들이 어떻게 변해 왔는지, 그리고 자연 선택 과정에서 기존의 종들로부터 새로운 종들이 어떻게 형성되었는지를 설명해 줍니다.

진화론에 따르면 우리는 원숭이로부터 진화했다?
아닙니다. 인간은 우리가 지금 알고 있는 형태의 원숭이로부터 진화하지 않았습니다. 영장류는 모두 2,500만~3,000만 년 전에 살았던 한 공통 조상의 후손인데, 원숭이와 인간은 그 동물로부터 각각 여러 모로 다르게 진화했고, 결국 우리는 오늘날의 인간이라는 종이 되었죠. 원숭이와 유인원 같은 현대 영장류는 인간과 유연관계가 무척 가까울 뿐 다른 종입니다.

진화란 한 종류의 동물이 다른 종류의 동물을 낳는 것이다?
아닙니다. 한 동물 개체가 전혀 다른 종류의 동물이나 완전히 새로운 종류의 동물을 낳는 건 불가능합니다. 고양이가 개를 낳을 수는 없는 노릇이죠. 그 대신 동물들은 모두 조금씩 다른데, 여러 세대를 거치면서 해당 종은 서서히 변하게 됩니다.

진화가 일어나는 것을 직접 보기란 불가능하다?
어느 정도는 가능합니다. 하지만 진화는 오랜 시간이 걸리는 아주 느린 과정입니다. 인간의 일생 동안 우리는 새로운 종이 형성되는 과정 중의 한 순간만을 볼 수 있을 뿐이죠. 하지만 실험실에서 과학자들은 세균, 식물, 초파리가 돌연변이를 거치며 변화하는 모습을 관찰해 왔습니다. 야생에서는 수많은 곤충이 농약에 저항력을 키워 왔는데, 그런 변화를 지켜볼 때 우리는 진화를 목격하고 있는 셈입니다.

인간의 일생

용어 사전

멸종하다
어떤 종이 더 이상 존재하지 않고 아주 없어져 버리다.

박물학자
동물과 식물 등의 자연물을 연구하는 과학자.

변이
같은 종에서 성별이나 나이와 관계없이 모양과 성질이 다른 개체가 존재하는 현상.

세대
같은 시기에 태어나서 살아가는 동식물 무리. 혹은 한 생물이 생겨나서 생존을 끝마칠 때까지의 기간.

속(屬)
유연관계가 가까운 식물이나 동물의 무리. 종보다 큰 분류 단위다.

영장류
인간, 유인원, 원숭이 등의 다종다양한 포유동물로 이루어진 무리.

유전자
DNA 분자의 특정 위치들. 이들 전부가 한 생명체의 특징을 결정한다.

자손
특정 부모의 자식(새끼).

적응하다
새로운 조건이나 새로운 환경에 맞춰 변화하다.

적응 형질
생물이 생존하는 데 도움이 되는 특정한 모양, 크기, 성질 등의 특징.

조상
어떤 동물이나 식물이 예전의 어떤 생물로부터 진화해 왔을 때 그 예전 생물을 이르는 말.

종(種)
생김새가 서로 비슷하고 함께 생식 능력을 갖춘 자식을 낳을 수 있는 생물들의 무리.

진화
생물이 생명체가 처음 생겨난 이후부터 여러 세대를 거쳐 점진적으로 변해 가는 현상.

퇴적물
바람과 파도에 깎여 바위에서 떨어져 나온 자잘한 조각이 땅에 쌓인 물질.

화석
아주 오래전에 살았던 동식물의 유해나 활동 흔적이 암석층 속에 보존되어 남아 있는 것.

후손
특정 생물을 조상으로 하는 생물들을 통틀어 이르는 말.

DNA
유전 정보가 들어 있는 물질. 모든 생물체의 세포 안에 있다.

추천 도서

더 읽어볼 만한 진화에 관한 유익한 책을 추천합니다.

『생명의 나무(The Tree of Life)』
피터 시스(Peter Sis) 지음

『우리 조상 물고기(Grandmother Fish)』
조너선 트위트(Jonathan Tweet)와 캐런 루이스(Karen Lewis) 지음

『다윈 선생님이 본 것(What Mr Darwin Saw)』
믹 매닝(Mick Manning)과 브리타 그란스트룀(Brita Granström) 지음

글쓴이

사비나 라데바는 영국 런던에서 살고 있는 그래픽 디자이너이자 일러스트레이터입니다. 2008년에 독일 막스플랑크연구소에서 분자생물학 석사 과정을 마쳤습니다. 2009년에 과학 연구를 그만두고 창의적인 일을 하기로 했는데, 그때부터 지금까지 일러스트레이션을 공부해 왔습니다. 라데바는 과학과 미술을 접목하는 작업에 관심이 많습니다. 그녀는 날마다 영감을 주는 두 여자아이의 어머니이기도 합니다. 아름다운 삽화를 넣어 《종의 기원》을 쉽게 풀어 쓴 이 그림책은 킥스타터라는 크라우드 펀딩 플랫폼에서 선보여졌을 때 곧바로 세계적인 관심을 끌었습니다.

옮긴이

박유진은 서울대학교에서 생물학을 전공하고, 현재 전문 번역가로 일하고 있습니다. 옮긴 책으로는 DK 출판사의 성인판 및 유소년판 《히스토리》, 《시대가 선택한 미술》, 《철학의 책》, 《심리의 책》, 《정치의 책》, 《종교의 책》을 비롯해 〈반드시 알아야 할 50〉 시리즈 《위대한 정치》, 《위대한 세계사》, 《위대한 예술》, 내셔널지오그래픽 《한눈으로 보는 과학과 발명의 세계사》, 《지식의 백과사전》 등이 있습니다.

감수자

김정철은 한국교원대학교에서 생물교육학을 전공했고, 지금은 고려대학교사범대학부속고등학교에서 학생들에게 생물을 가르치고 있습니다.

푸른곰팡이버섯벌레
Gibbifer californicus

큰보라제비나비
Papilio ulysses

보석벌레
Temognatha spencii

푸른점팬지나비
Junonia westermanni

퀸알렉산드라버드윙
Ornithoptera alexandrae

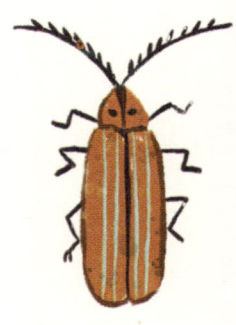
붉은어깨홍반디
Trichalus ampliatus

아스파시아왕나비
Parantica aspasia

아돌리아스임퍼레이터
Lexias satrapes

꼬마골리앗장수꽃무지
Goliathus albosignatus

안티파테스제비나비
Graphium antiphates

라스츠앨버트로스
Appias lasti

지그재그버섯벌레
Erotylus incomparabilis